# Finde Kraft für jeden Tag

»Mir wird alles zu viel.« – »Ich schaffe den Alltag kaum mehr.« – »Alles wird immer schneller.« – »Alle wollen etwas von mir. Ich weiß gar nicht mehr, wie ich alle Erwartungen erfüllen soll.« Solche Klagen höre ich in Gesprächen immer wieder. Vielen Menschen wächst der Alltag über den Kopf. Sie haben den Eindruck, dass sie nur noch »funktionieren« und dass ihnen dabei die innere Kraft immer mehr verloren geht. Eltern werden beispielsweise von Sorgen um ihre Kinder geplagt. Manche Menschen spüren depressive Verstimmungen. Sie wachen traurig auf und haben Angst, dass die Traurigkeit immer mehr von ihnen Besitz ergreifen könnte. Viele kommen mit der Vielfalt ihrer Rollen nicht mehr zurecht: Sie sollen als Vater oder Mutter für die Familie da sein. Zugleich müssen sie im Beruf ihren Mann, ihre Frau stehen. Die Pfarrei hat Erwartungen für ein Engagement. Viele Vereine klopfen an die Tür und werben

für die Mitarbeit. Es sei ja alles für einen guten Zweck.
Viele tun sich schwer, ihr eigenes, passendes Maß zu finden. Alles wächst ihnen über den Kopf. So sehnen sie sich danach, für jeden Tag die Kraft zu finden, die sie brauchen, um ihr Leben gut leben zu können. In diesem kleinen Geschenkheft möchte ich einige Wege beschreiben, auf denen Sie, liebe Leserin, lieber Leser, Kraft für jeden Tag finden.

# Sich unter den Segen Gottes stellen

Wenn ich morgens aufwache und als Erstes die Termine anschaue, die mich erwarten, dann habe ich manchmal ein mulmiges Gefühl. Viel kommt heute auf mich zu. Schaffe ich das alles, was von außen erwartet wird und was ich mir selbst aufgebürdet habe? Jetzt hilft es mir, den Tag unter den Segen Gottes zu stellen. Ich stelle mich aufrecht hin und lasse den Segen zu den Menschen strömen, denen ich heute begegnen werde. Ich lasse den Segen zu den einzelnen Terminen fließen, die mir gerade bewusst sind. Und ich lasse den Segen gerade dorthin fließen, wo es möglicherweise »eng« wird und sich Schwierigkeiten ergeben könnten. Wenn ich dies am Morgen tue, gehe ich anders in den Tag. Dann bedrücken mich die einzelnen Situationen nicht mehr, die mich erwarten. Ich habe dann den Eindruck, dass Gottes Segen über mir und über allem ruht,

**was ich heute tue, und über allen Orten, an denen ich heute sein werde.**

Diesen Segen Gottes können Sie auch zuerst zu Ihren Kindern strömen lassen. Dann werden Sie die Kinder besser loslassen. So vertrauen Sie Gottes Segen und haben es nicht nötig, Ihre Kinder ängstlich zu kontrollieren oder um sie zu zittern. Unter dem Segen Gottes werden Ihre Kinder ihren Weg finden. Wenn Sie heute einen Arzttermin haben, stellen Sie diesen auch unter den Segen Gottes. Dann werden Sie ohne Angst in die Sprechstunde gehen. Wenn ein Gespräch mit einem unangenehmen Kunden oder mit dem strengen Vorgesetzten ansteht, stellen Sie sich vor, wie Sie den Segen Gottes zu diesem Gespräch hinlenken. Dann wird dieses Gespräch unter einem guten Stern stehen. Es wird vom Segen Gottes erfüllt sein.

**Ich stelle mir am Morgen vor: Jeder Schritt, den ich heute gehe, steht unter dem Segen Gottes. Jedes Wort, das ich spreche, spreche ich als von Gott gesegneter Mensch. Und ich vertraue dar-**

auf, dass meine Worte dann für die anderen Menschen und für mich Segen bringen. Alles, was meine Hände heute tun, was sie handeln, steht unter Gottes Segen. Und ich hoffe, dass Gott das Werk meiner Hände segnet und dass von meinen Händen für die Menschen Segen ausgeht. Jeder Ort, den ich heute betrete, ist ein von Gott gesegneter Ort.
Ich kann nicht aus dem Segen Gottes herausfallen. Er begleitet mich überall hin. Dieses Wissen gibt mir Vertrauen und Kraft für diesen einen Tag. Und mehr Kraft brauche ich nicht.
Jesus sagt: »Sorgt euch nicht um morgen; denn der morgige Tag wird für sich selbst sorgen« **(Matthäus 6,34).**

# *Den Tag im Voraus meditieren*

Manche Menschen gehen voller Angst zur Arbeit. Sie sind sich nicht sicher, ob sie allen Anforderungen des Tages gewachsen sind. Sie erwarten voller Unruhe die Begegnung mit dem schwierigen Chef oder mit dem Mitarbeiter oder der Kollegin, mit dem oder der sie Probleme haben. Es kostet viel Energie, mit diesen negativen Erwartungen zur Arbeit zu gehen. Eine gute Hilfe kann es dann sein, die Situationen, vor denen wir Angst haben und die uns schon am Morgen die ganze Energie rauben, im Voraus zu meditieren.

Das könnte so gehen: Ich setze mich still hin und stelle mir vor, dass ich ganz im Einklang mit mir selbst bin. Gottes heilende Nähe umgibt mich. Gottes Liebe durchdringt mich. Ich fühle mich wohl, bin einverstanden mit mir selbst. Ich bin ganz bei mir, in Berührung mit meinem Herzen. Jetzt stelle ich mir vor, dass dieser schwierige Mitmensch kommt, der immer so laut poltert und alles negativ sieht: Wie würde ich reagieren, wenn ich ganz bei mir und ganz im Einklang mit mir selbst bin? Ich muss mir nichts vornehmen. Ich stelle mir nur vor, wie ich reagieren würde unter der Voraussetzung, dass ich mich vom anderen nicht bestimmen und mir von ihm nicht meine Rolle zuweisen und aufdrücken lasse. Ich reagiere vielmehr aus meiner Mitte heraus.

Wenn ich mir das vorstelle, werde ich erkennen, dass das gar nicht so anstrengend ist. Ich muss nur bei mir selbst sein und darf mich vom anderen nicht aus meiner eigenen Mitte herausdrängen lassen. Wenn ich mit meinem Herzen in Berührung bin, dann fühle ich mich voller Kraft. Dann fühle ich mich geschützt vor jenen Menschen, die mir meine Energie rauben. Solche Energieräuber können Menschen werden, die um meine »Achillesferse«, meine verwundbare Stelle wissen und dort die ganze Energie absaugen. Wenn ich in der Mitte bin, haben solche Energieräuber keine Chance.

# Sich der inneren Quelle vergewissern

Viele Menschen sind erschöpft, weil sie aus trüben Quellen schöpfen: etwa aus der Quelle ihres Perfektionismus, aus der Quelle des Ehrgeizes, aus der Quelle des Sich-Beweisen-Müssens. Jeder von uns kennt solche trüben Quellen in sich.

Wir sollten nicht in den trüben Quellen herumwühlen, sonst trüben sie sich noch mehr ein. Wir sollen vielmehr vertrauen, dass unterhalb dieser trüben Quelle eine klare Quelle in uns strömt. Es ist die Quelle des Heiligen Geistes. Diese Quelle versiegt nie, weil sie göttlich ist.

Vielleicht sagen Sie: »Das klingt schön. Aber wie komme ich zu dieser Quelle? Wie kann ich sie spüren?« Zunächst ist es wichtig, daran zu glauben und darauf zu vertrauen, dass auf dem Grund meiner Seele diese unerschöpfliche Quelle des Heiligen Geistes sprudelt.

Ein Weg hin zu diesem Vertrauen könnte die Meditation sein. Ich stelle mir vor, wie ich im Ausatmen durch allen Ärger und durch alle unruhigen Gedanken hindurch in den Grund meiner Seele gelange. Dort strömt es in mir. Beim Einatmen kann ich mir dann vorstellen, dass das frische Wasser dieser Quelle in meinen Leib strömt, in mein Bewusstsein, in mein Handeln und Denken. Dann verliert sich die Angst, dass ich heute überfordert sein oder dass meine Kraft nicht ausreichen könnte, um das zu erledigen, was heute von mir erwartet wird.

Allerdings funktioniert diese Quelle nicht wie ein gefüllter Benzintank, auf den ich immer zurückgreifen kann, damit mein Auto läuft. Damit die Quelle in mir sprudelt, muss ich meine innere Einstellung ändern: Ich muss mein Ego loslassen, damit ich aus dieser inneren Quelle schöpfen kann. Denn ich kann nur aus ihr schöpfen, wenn ich für den Heiligen Geist durchlässig bin. Das verlangt aber, dass ich mich von der Herrschaft meines Egos befreie. Denn das Ego will glänzen, es will viel arbeiten, um überall anerkannt zu werden.

Wenn ich aus der Quelle des Heiligen Geistes schöpfe, bin ich frei von der Tendenz, mich beweisen oder mit anderen vergleichen zu müssen. Die Quelle des Geistes strömt einfach in mir und durch mich hindurch, ohne dass ich mich dabei in den Mittelpunkt stellen oder stolz auf mich sein müsste. Ich kann nur in aller Demut durchlässig für diese innere Quelle sein.

# Gebet als heilsame Unterbrechung

»Mach mal Pause«, so wirbt eine Firma für ihr Getränk. Pausemachen ist eine wichtige Möglichkeit, mit der eigenen inneren Quelle in Berührung zu kommen. Wer meint, er könne ohne Rücksicht auf seinen inneren Rhythmus immer weiter arbeiten, der ist schnell »ausgepowert« und ausgelaugt. Wer im eigenen Rhythmus lebt, kann effektiver und nachhaltiger arbeiten. Die Griechen schätzen das Wort *anapausis*, das »aufatmen« und »wieder zu Kräften kommen« bedeutet. Davon kommt unser deutsches Wort »Pause«. Wir brauchen immer wieder eine Pause, um uns regenerieren, um mit unseren inneren Kräften in Berührung kommen zu können.

Eine gute Form der Pause, eine heilsame Unterbrechung des Tages ist das Gebet. Wir Mönche in Münsterschwarzach unterbrechen fünfmal am Tag die Arbeit, um uns in der Kirche zusammenzufinden und zu beten. Dies ist jedes Mal eine kostbare Pause, in der wir wieder zu Kräften kommen, in der wir im Beten und Singen mit Gott selbst in Berührung kommen, der unsere eigentliche Kraft ist. Uns Mönche können und sollen Sie nicht kopieren. Aber es gibt auch in Ihrem Alltag genügend Situationen, die Sie durch das Gebet heilsam unterbrechen können. Die geistliche Tradition kennt das Stoßgebet. Bei schwierigen Tätigkeiten oder vor angstbesetzten Gesprächen sagt man: »Gott, hilf mir!« Oder: »Gott, lass das Gespräch gelingen, lass alles gut ausgehen.« Ein Bauer sprach vor jeder schwierigen Aufgabe: »In Gottes Namen!« Dieses Stoßgebet hat ihm Vertrauen geschenkt. Kurze Stoßgebete unterbrechen auch Ihren Tag und bringen Sie in Berührung mit jener Kraft, die Gottes Geist Ihnen schenkt.

**Es gibt noch andere Formen der heilsamen Unterbrechung. Ich setze mich für ein paar Minuten in die Kirche und komme vor Gott zur Ruhe. Oder ich warte an einer Kreuzung und bete das Jesusgebet: »Herr Jesus Christus, Sohn Gottes,**

erbarme dich meiner!« Dann bestimmt nicht der Ärger über das Warten meine Stimmung, sondern das Gebet. Es unterbricht meinen Alltag, in dem ich mich doch oft von den äußeren Situationen wie Warten, Zurückweisung, Kritik oder Ablehnung bestimmen und beeinträchtigen lasse.

Das Gebet ist nicht nur zeitlich eine heilsame Unterbrechung. Es unterbricht auch den Mechanismus meiner Reaktionen, in dem ich auf Kritik mit Abwehr, auf verletzende Worte mit Kränkung, auf Enttäuschung mit Ärger und auf Hass mit Gegenhass reagiere. Das Gebet schneidet die negative Wirkung ab, die Enttäuschung, Verletzung oder Kritik normalerweise in mir auslösen, und erfüllt mich mit Jesu Geist: mit dem Geist der Milde, des Friedens und der Liebe. Das tut mir gut. So bleibe ich bei mir und lasse mich nicht von den anderen aus meiner Mitte herausreißen.

# *In die Natur gehen*

Für viele Menschen ist die Natur eine Kraftquelle. Sie machen einen Spaziergang durch einen Park oder durch den Wald. Sie spüren dabei in der Natur eine Lebendigkeit, die nicht »totzukriegen« ist. Was in der Natur ist, das ist auch in uns. Wenn ich einen Waldweg gehe, dann rieche ich den Waldgeruch. Ich sehe die Bäume und wie durch die Bäume immer wieder die Sonne durchscheint. Wenn ich dann aus dem Wald heraustrete, umgibt mich die wärmende Sonne. Ich spüre den leichten Wind, der mich umweht. Indem ich schaue, höre und rieche, werde ich erfüllt von dem Leben, das die Natur durchdringt. Dies ist letztlich das göttliche Leben. Denn die Natur ist von Gottes Geist erfüllt. Es sind vor allem zwei Aspekte der Natur, die es mir ermöglichen, in der Natur Kraft zu finden. Der erste Aspekt: Die Natur bewertet nicht. Viele Menschen rauben sich selbst viel Kraft, weil sie sich ständig bewerten. Sie können das Leben

nicht einfach fließen lassen. Sie beurteilen alles, was sie tun und denken. Dieses Bewerten behindert das Leben in ihnen. Das Leben kann sich nicht entfalten, wenn alles, was sich in mir regt, sofort bewertet wird.
In der Natur habe ich das Gefühl, dass alles sein darf. In der Natur ist Lebendiges und Totes, Schönes und Hässliches, Kraft und Schwäche, Wasser und Feuer, Erde und Luft. Alles Gegensätzliche, das sich in der Natur findet, ist auch in mir. In der Natur erfreue ich mich an der Gegensätzlichkeit. In mir dagegen möchte ich die Gegensätze am liebsten ausrotten. Da möchte ich nur schön sein und nur lebendig und kraftvoll.
Die Natur erlaubt mir zu sein, wie ich bin. Ich spüre dort, was das lateinische Sprichwort meint: *nihil humanum alienum* – Nichts Menschliches ist mir fremd. Ja, ich könnte sagen: Nichts Kosmisches ist mir fremd. Alles, was ich in der Natur vorfinde, finde ich auch in mir. Und es darf so sein. Diese Einsicht lässt das Leben in mir strömen, und ich kann mich an mir selbst, so wie ich bin, freuen.

Der zweite Aspekt: Ich fühle mich zugehörig. Die Natur schließt mich nicht aus, sondern lässt mich an ihr teilhaben. Ich gehöre zu ihr. Wenn ich mich auf eine Wiese setze, dann fühle ich mich von der Mutter Erde getragen. Wenn ich durch Felder und Wiesen wandere, spüre ich etwas Vertrautes, Bergendes, Heimat Schenkendes. Ich bin Teil dieser Natur. Ich bin von ihr getragen und in ihr daheim.

Gönnen Sie sich täglich einen Spaziergang durch die Natur. Lassen Sie das Leben, das Sie in der Natur um sich herum spüren, auch in sich selbst einströmen. Dann haben Sie das Gefühl, dass Ihnen die Kraft nie ausgeht. Denn das Leben in der Natur scheint unverwüstlich zu sein. Es bricht auch durch Abgestorbenes immer wieder hindurch. Es lässt im Frühling alles Erstarrte wieder aufblühen. Der Aufbruch in der Natur ist auch für Sie eine Verheißung: Auch wenn Sie keine Kraft spüren, auch wenn manches in Ihnen vertrocknet und erstarrt ist, kann Ihr Leben wieder erstarken und erblühen. Das Leben ist stärker als die Erstarrung.

# In die Stille gehen

Die Stille ist uns vorgegeben. Auch wenn wir voller Lärm sind, ist beispielsweise die Kirche, in die wir eintreten, ein Raum der Stille. Der Wald ist still, auch wenn die Blätter im Wind rauschen und die Vögel dort ihre Lieder singen. Es tut uns gut, in einen Raum der Stille einzutreten. Wir tun es oft ganz behutsam und ehrfurchtsvoll. Wir haben den Eindruck, die Stille nicht stören zu dürfen. Die Stille ist wie ein Mutterschoß, in dem wir gleichsam neu geboren werden können.

Der indische Denker Rabindranath Tagore spricht vom Bad in der Stille: »Der Staub der toten Worte haftet an dir; bade deine Seele im Schweigen.« Wir fühlen uns oft durch die vielen Worte beschmutzt, die wir ständig hören. Und wir haben den Eindruck, wir würden uns selbst beschmutzen, wenn wir ständig reden. In der Bibel heißt es: »Beim vielen Reden kannst du der Sünde nicht entfliehen.« **(Sprüche 10,19)**

Benedikt von Nursia zitiert dieses Schriftwort in seiner Regel im Kapitel über die Schweigsamkeit. Das Reden trübt die innere Klarheit. Denn allzu oft vermischen wir mit unseren Worten unser Bedürfnis, gut dazustehen, oder unseren Drang, den anderen zu entwerten, um uns selbst aufzuwerten. Das Schweigen ist wie ein Bad, das wir nehmen. Die Stille reinigt uns von all dem Schmutz, der sich durch das viele Reden in uns angesammelt hat. Und die Stille klärt das Trübe in uns. Und wie das Bad uns erfrischt und mit neuer Lebendigkeit erfüllt, so vermag es auch die Stille, uns neu zu beleben.
Mir tut es gut, nach den vielen Worten, die ich mir bei der Arbeit anhöre oder die ich selbst spreche, immer wieder in die Stille zu gehen. Die Stille ist für mich eine Wohltat. Ich fühle mich nach einer Zeit der Stille wie wiedergeboren, wie erfrischt. Ich muss in der Stille gar nichts tun. Ich muss mich nicht zwingen, zu schweigen. Ich tauche einfach ein in die Stille: in die Stille meiner Klosterzelle, in die Stille der Kirche, in die Stille des Klostergartens.

Überlegen Sie sich, wo für Sie Orte der Stille sind, in die Sie eintauchen können, um wieder Kraft in sich einströmen zu lassen. Für manche Menschen ist dieser Ort der Stille das Auto. Mitten im Verkehrslärm ist für sie das Auto zugleich ein geschützter Raum. Ich kann ihn als einen Raum der Stille mitten im Lärm der Welt sehen. Dann tut er mir auch gut. Vielleicht ist Ihr Zimmer so ein Raum der Stille, in dem Sie sich »baden« können. Oder aber Sie kennen stille Kirchen oder stille Orte in der Natur: einen Wald oder eine Bank auf einer Wiese.
Gönnen Sie sich die Stille. Lassen Sie ruhig alle Gedanken und Gefühle auftauchen, die in Ihnen sind. Aber grübeln Sie nicht nach. Lassen Sie Ihre Gedanken und Gefühle einfach kommen und gehen. Bleiben Sie in der Stille sitzen, bis es auch in Ihnen langsam still wird. Dann führt Sie die äußere Stille in den inneren Raum der Stille. Auf dem Grund Ihrer Seele ist es still. Und dort in diesem inneren Raum der Stille strömt die Quelle des Heiligen Geistes, eine unerschöpfliche Quelle, aus der Sie immer neue Kraft schöpfen können.

# Mit einem Wort der Bibel gehen

Die früheren Mönche kannten die Übung, sich immer wieder ein Wort aus der Heiligen Schrift vorzusagen. Sie haben diese Worte mit dem Atmen verbunden. So hat der Atem sie tagsüber immer wieder an dieses Wort erinnert. Die Mönche nennen diese Methode die »antirrhetische« Methode – die Gegenwortmethode.
Die Mönche haben sich zunächst gefragt, welche negativen Worte sie prägen. Da stießen sie auf negative Einreden wie: »Ich bin ein Versager.« – »Bei mir geht alles schief.« – »Mich kann keiner mögen.« – »Mit mir kann es niemand aushalten.« – »Ich bin nicht gut, so wie ich bin.« Gegen diese Worte suchten sie sich dann ein Wort aus der Bibel als Heilungswort. Sie haben dieses Wort nicht benutzt, um die negativen Einreden zu vertreiben, sondern um sie zu verwandeln. Sie haben das Bibelwort bewusst in die negativen Worte und Stimmungen hineingesprochen. Dieses Wort war für sie der Weg, mit den guten

Quellen auf dem Grund ihrer Seele in Berührung zu kommen.

Manchmal werden Sie sicher Angst haben. Die Angst äußert sich auch in Gedanken wie: »Das kann ich nicht.« – »Was denken die anderen von mir?« – »Da blamiere ich mich. Da sage ich lieber nichts. Sonst werde ich abgelehnt.« In diese Angstworte hinein können Sie das Wort aus Psalm 118 sprechen: »Der Herr ist mit mir, ich fürchte mich nicht. Was können Menschen mir antun?«

Jeder von uns hat immer beides: Angst und Vertrauen. Die negativen Einreden lassen die Angst in uns immer stärker werden. Das Wort aus dem Psalm spreche ich nicht gegen die Angst, um sie zu vertreiben. Denn wenn ich gegen die Angst kämpfe, entwickelt sie eine Gegenkraft. Die Angst wird immer stärker. Ich spreche das Psalmwort in meine Angst hinein, um durch die Angst hindurch auf den Grund meiner Seele zu gelangen. Dort ist unterhalb der Angst auch eine Quelle des Vertrauens. Das Bibelwort bringt mich in Berührung mit dieser Quelle des Vertrauens.

Ich möchte Ihnen einige Wort empfehlen, mit denen Sie in den Tag hineingehen können. Wenn Sie sich mit Schuldgefühlen oder Selbstvorwürfen plagen, dann gehen Sie mit dem Wort schwanger: »Wenn das Herz uns auch verurteilt, Gott ist größer als unser Herz. Und er weiß alles« (Erster Johannesbrief 3,20). Mit diesem Wort hören Sie auf, sich mit Selbstvorwürfen zu zerfleischen. Sie kommen in Berührung mit Ihrer Sehnsucht nach Vergebung, mit Ihrem Vertrauen, ganz und gar von Gott angenommen zu sein. Wenn Sie das Gefühl haben, Sie würden den Tag mit seinen Herausforderungen nicht schaffen, dann sagen Sie sich immer wieder vor: »Mit dir erstürme ich Wälle. Mit meinem Gott überspringe ich Mauern« (Psalm 18,30). Mit diesem Wort können die Hindernisse, die Ihnen übergroß vorkommen, auf einmal klein werden. Sie spüren in sich dann neue Kraft. Ich wünsche Ihnen, dass die Worte der Bibel für Sie eine Quelle der Lebendigkeit, der Zuversicht, der Kraft und der Hoffnung werden.

# *Sich an kleinen Erfolgen freuen und sie feiern*

Jeden Tag gelingt uns etwas. In der Arbeit oder im Privaten haben wir Erfolg. Ich habe den Brief an einen Kunden gut geschrieben. Oder aber ich habe an einen Freund geschrieben. Und ich bin froh, dass ich das nicht länger vor mir hergeschoben habe. Jetzt, da ich den Brief geschrieben habe, bin ich froh und stolz, dass ich mich aufgerafft habe. Oder wir haben etwas gekocht, das uns selbst und den anderen gut schmeckt. Es ist uns gelungen. Ein Telefonanruf war so, dass wir uns verstanden haben. Als ich aufgelegt habe, hatte ich ein gutes Gefühl. Oder aber eine Begegnung mit einem Menschen war gut. Wir sind einem Bekannten auf der Straße begegnet. Es hat sich ein anregendes Gespräch entwickelt. Und wir hatten das Gefühl, das Gespräch, die Begegnung sei gelungen.

Natürlich gibt es größere Erfolge: Sie haben eine Prüfung gut bestanden. Der Arztbesuch hatte ein gutes Ergebnis – Sie sind gesund. Sie haben eine lange Autofahrt gut bewältigt. Sie haben Ihr Ziel gleich gefunden und sind ohne Stau rechtzeitig angekommen.

Es ist gut, wenn Sie sich nach solch kleinen Erfolgserlebnissen auch freuen, wenn Sie sich selbst belohnen oder sich selbst feiern. Feiern heißt nicht immer, dass Sie gleich mit Sekt darauf anstoßen müssen, sondern dass Sie für sich selbst einen »inneren Feiertag« haben. Sie gönnen sich dabei einige Augenblicke, um dankbar zu genießen, was gelungen ist.

Der erste Schritt des Feierns ist, überhaupt wahrzunehmen, dass etwas gelungen ist. Der zweite Schritt wäre, sich nochmals daran zu erinnern, wie alles gelungen ist. Der dritte Schritt bedeutet, dankbar zu sein, dass etwas gelungen ist – und Gott zu danken, dass er Ihnen alles gut von der Hand hat gehen lassen. Der vierte Schritt wäre dann, dieses kleine Erfolgserlebnis auch tatsächlich zu feiern.
Sie können sich belohnen mit einem Eis, mit einem Glas Wein oder einfach nur dadurch, dass

Sie sich eine Stunde Zeit nehmen und nicht gleich zur nächsten Arbeit übergehen. Sie gönnen sich Zeit, um zu genießen, dass etwas gelungen ist. Dies ist dann eine Feierzeit, eine freie Zeit. Feier kommt ja vom lateinischen Wort *feria*, das »freier Tag« oder »Festtag« bedeutet.
Sie können sich öfter kleine Feiertage, Festtage oder aber auch nur Festminuten gönnen, um mitten im Alltag in Berührung mit der Quelle der Freude und Dankbarkeit zu kommen, die in Ihnen ist und die Ihnen neue Lust auf neues Handeln schenkt.

# Auf Menschen zugehen

Vielleicht kennen Sie das: Ich habe das Gefühl, dass ich eigentlich den Freund, die Freundin besuchen sollte. Oder ein Krankenbesuch wäre an der Reihe. Die alte Frau, der alte Mann würde sich über einen Besuch freuen. Aber dann haben Sie genügend Gründe, sich vom anstehenden Besuch zu dispensieren. Sie denken, dem anderen könnte es unangenehm sein, wenn ich ihn besuche. Vielleicht möchte er auch niemanden in seine Wohnung lassen, die nicht mehr so ordentlich ist. Oder aber sie argumentieren: Ich habe so viel zu tun. Jetzt geht es unmöglich. Das hebe ich mir auf, bis ich einmal weniger zu tun habe. Aber es gibt immer etwas zu tun.
Solche Gedanken lähmen Sie und machen Ihnen ein schlechtes Gewissen. Oft unterdrücken Sie dann das schlechte Gewissen und gehen einfach zur Tagesordnung über. Aber dann werden Ihre Tage immer leerer, sie werden immer mehr zur leeren Routine.

Wenn Sie einen inneren Impuls spüren, auf einen Menschen zuzugehen, ihn anzusprechen oder ihn zu besuchen, dann sollten Sie sich auch trauen! Überlegen Sie nicht lange, sondern folgen Sie Ihrem spontanen Gefühl!

Sie sprechen den anderen an. Und auf einmal ergibt sich ein schönes Gespräch. Sie fühlen sich bestärkt und gehen beschwingt wieder Ihren Weg weiter. Oder wenn Sie sich aufgerafft haben, einen Kranken zu besuchen, dann gehen Sie oft beschenkt von ihm weg. Der Kranke hat sich gefreut, dass Sie an ihn gedacht haben. Und Sie haben gemerkt: Es ist gar nicht so schwer. Sie müssen gar keine besonders tröstenden Worte sagen. Allein dass Sie kommen und Zeit schenken, stärkt ihn schon. Und wenn Sie dann nach Hause gehen, haben Sie das Gefühl, dass Sie wirklich ein Segen für diese kranke Frau, für diesen kranken Mann waren. Mit diesem Gefühl können Sie nicht angeben. Aber es erfüllt Sie mit Dankbarkeit. Und Sie spüren: Es war keine verlorene Zeit. Die Dankbarkeit bereichert Ihr Leben.

# Lesen

Für viele Menschen ist das Lesen ein guter Weg, mit ihrer inneren Kraft in Berührung zu kommen. Manche werfen sich vor, dass sie das Gelesene im Alltag nicht immer beherzigen können. Sie haben viel gelesen, aber es wirkt nicht nach. Sie haben ihr Leben nicht verändert. Doch das ist gar nicht das erste Ziel des Lesens.
Im Lesen tauchen Sie ein in eine andere Welt. Und indem Sie in diese Welt eintauchen, kommen Sie in Berührung mit einer neuen Welt in Ihnen selbst. Sie entdecken in sich neue Möglichkeiten. Das, was Sie beim Lesen anspricht und berührt, ist auch in Ihnen. Sie entdecken im Lesen Ihre eigenen Fähigkeiten, Ihre eigenen Sehnsüchte, Ihre eigenen Gedanken und Gefühle. Allein das verwandelt Sie schon.

Gönnen Sie sich täglich eine Viertelstunde zum Lesen. Dies ist Ihre Zeit. Manchmal sind Sie vielleicht müde und können sich gar nicht alles merken, was Sie lesen. Oder Sie lesen gelegentlich einfach über Zeilen hinweg, ohne zu wissen, was Sie gelesen haben. Aber das macht nichts. Allein diese fünfzehn Minuten, die Sie sich für das Lesen reservieren, tun Ihnen gut. Setzen Sie sich in einen bequemen Sessel und gönnen Sie sich, in einem Buch zu lesen. Sie haben dann das Gefühl, jeden Tag ein wenig im Urlaub zu sein, Urlaub vom Alltag zu nehmen, um in eine ferne Welt einzutauchen und etwas zu erleben, was Sie innerlich bereichert.

Mit Büchern tauchen Sie in eine andere Welt ein, die Sie fesselt. Und was Sie fesselt, das lässt Sie immer auch lebendig werden, das bringt Sie in Berührung mit eigenen Seiten, die Sie sonst im Alltag nicht leben können. Gönnen Sie sich den täglichen »Urlaub« des Lesens, damit Sie sich immer wieder von der Last des Tages erholen und sich das an Kraft holen können, was Sie für sich brauchen.

# Den inneren Raum der Stille spüren

Gönnen Sie sich Zeit, in die Stille zu gehen, zu meditieren, zu beten. Stellen Sie sich vor, dass in Ihnen ein Raum der Stille ist. Sie müssen diesen Raum gar nicht erschaffen. Er ist schon da. Sie sind nur oft von ihm ausgeschlossen, weil Sie in anderen Räumen Ihres Lebenshauses leben.
Die Meditation kann ein guter Weg sein, in diesen Raum hinabzusteigen. Im Ausatmen gehen wir gleichsam durch die Räume unseres Lebens, durch die Räume unserer Arbeit, unserer Überlegungen, unserer Gefühle, unserer Leidenschaften, unserer Schattenseiten hindurch und gelangen in diesen inneren Raum der Stille.
Dies ist ein Raum, in dem Gott wohnt, in dem das Reich Gottes in uns ist. Allein die Vorstellung, dass es diesen Raum der Stille in mir gibt, ist schon eine Hilfe, ihn zu erfahren.
Stellen Sie sich vor, dass Sie mit Ihrem Bewusstsein vom Kopf in den Brustraum gehen. Sie gehen

durch Ihre Angst hindurch, durch den Ärger, durch die Eifersucht, durch den Neid, durch die Schuldgefühle. Unterhalb all dieser Gefühle ist dieser innere Raum der Stille, zu dem diese Gefühle selbst keinen Zutritt haben. Dies ist ein Raum, in dem Gott wohnt, ein Raum voller Liebe, Barmherzigkeit, aber auch voller Kraft. Dies ist der Raum, in dem die Quelle des Heiligen Geistes in Ihnen sprudelt. Dort, wo das Reich Gottes in Ihnen ist, sind Sie frei von den Erwartungen, Ansprüchen und Meinungen der Menschen. Dort können Sie aufatmen und neue Kraft tanken. Dort sind Sie heil und ganz. Dort kann niemand Sie verletzen. Und Sie sind ursprünglich und authentisch.

All die Bilder, die andere Ihnen übergestülpt haben, lösen sich dort auf. Sie kommen in Ihrem Inneren in Berührung mit dem unverfälschten und makellosen Bild Gottes in Ihnen. Das befreit Sie von allem Druck, sich beweisen zu müssen. Sie dürfen einfach sein. Und dort, wo Gott in Ihnen herrscht, sind Sie rein und klar. Dort ist keine Schuld, nichts Böses oder Schlechtes. Dort ist Klarheit und Reinheit.

Sie hören auf, sich selbst infrage zu stellen und sich zu beschuldigen. Dort sind Sie im Einklang mit sich selbst. Und dort, wo Gott in Ihnen wohnt, können Sie bei sich selbst daheim sein. Dieses Gefühl von Heimat, von Ausruhen, von Geborgenheit bringt Sie in Berührung mit all den Fähigkeiten, die Sie von Ihren Eltern, die Sie von Gott erhalten haben. Sie entdecken nicht nur die Quelle des Heiligen Geistes, sondern auch all die guten Quellen, die Ihnen aus Ihrer Lebensgeschichte, von den Eltern und Großeltern und Urgroßeltern zuströmen.

*Ich wünsche Ihnen, dass Sie im Wissen um diesen inneren Raum der Stille die Quelle, die auf dem Grund Ihrer Seele strömt, immer mehr in Ihr Bewusstsein, in Ihr Herz und in Ihren Verstand strömen lassen, damit Sie bei all Ihrem Denken und Tun aus dieser Quelle schöpfen können.*